Das habe ich schon gemacht

Trage ein: – + ++ *

1	Ideen sammeln	☐	2	In der Nacht	☐
3	Einen Brief schreiben	☐	4	Einen Brief an Benjamin oder Charles	☐
5	Foppball	☐	6	Mein Spiel	☐
7	Es war einmal	☐	8	Unsere Märchenhelden	☐
9	Die lange Reise	☐	10	Der Mann und das Nashorn	☐
11	Bauchweh	☐	12	Ole will kein Niemand sein	☐
13	Meine Geburtstagsparty	☐	14	Unser Ausflug	☐
15	Unsere Klassenzeitung	☐	16	Mein Traumspielplatz	☐
17	Überraschung in der Höhle	☐	18	Ich kann fliegen	☐
19	Im Zirkus	☐	20	Das Glücksrad	
21	Klappbuch	☐	22	Leporello	

Name ______________________

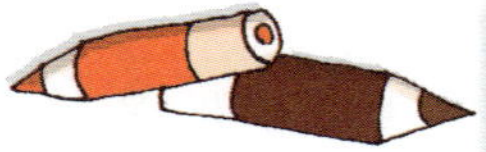

Ideen sammeln

Du willst über etwas schreiben.
Ein Gedankennetz hilft dir dabei.

1. Schritt:
Schreibe in die Mitte,
worüber du schreiben
möchtest.

2. Schritt:
Sammle Ideen.
- Schreibe alles auf,
  was dir einfällt.
  Nichts ist falsch.
- Umkreise die Wörter.

3. Schritt:
Entscheide dich:
Mit welcher Idee möchtest du
deinen Text beginnen?

Schreibe deinen Text.

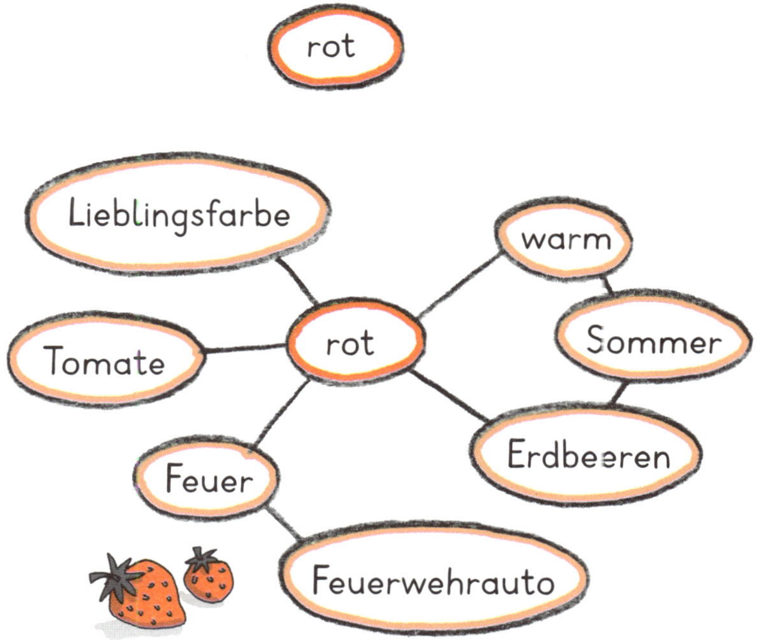

Meine Lieblingsfarbe ist rot.
Deshalb esse ich auch so gern
Tomaten.
...

1. Suche dir eine Farbe aus, über die du schreiben möchtest.
2. Lege ein Gedankennetz an.
3. Schreibe deinen Text.
4. Lies ihn einem anderen Kind vor.

Du kannst zu deinem Text malen.

In der Nacht

Du willst über etwas schreiben.
Ein Gedankennetz hilft dir dabei.

1. Schritt:
Schreibe in die Mitte,
worüber du schreiben
möchtest.

2. Schritt:
Sammle Ideen.
- Schreibe alles auf,
  was dir einfällt.
  Nichts ist falsch.
- Umkreise die Wörter.

3. Schritt:
Entscheide dich:
Mit welcher Idee möchtest du
deinen Text beginnen?

Schreibe deinen Text.

<u>In der Nacht</u>

Ich liege in meinem warmen Bett.
Alles ist dunkel.
Die Wohnung ist ganz still.
Nur die Uhr tickt.
Ich schlafe ein und ...

1. Schließe die Augen
   und stell dir vor:
   Du bist im Zoo. Oder:
   Du bist am Meer. Oder:
   Du hast Geburtstag.
2. Beantworte in Gedanken
   folgende Fragen:
   - Was rieche ich?
   - Was sehe ich?
   - Was höre ich?
   - Was fühle ich?
   - Wer ist bei mir?
3. Lege ein Gedankennetz an.
   Schreibe alle Ideen auf.
4. Schreibe deinen Text.

Du kannst deinen Text
einem anderen Kind
vorlesen.

Einen Brief schreiben

Du möchtest einem Freund oder einer Freundin einen Brief schreiben.

Tipp 1:
Überlege:
Was möchte ich in dem Brief erzählen?

Tipp 2:
Vergiss das **Datum** nicht.

Tipp 3:
Wähle eine passende **Anrede**.

Tipp 4:
Denke an **Gruß** und **Unterschrift**.

Laura Peters
Schillerstraße 2
53225 Bonn

Miro Yussek
Dammstraße 4
44892 Bochum

15.10.2006

Hallo Miro,
heute hat unsere Klasse Haustiere bekommen.
Kannst du raten, welche?
Ich glaube nicht.
Es sind Schnecken.
Zuerst fanden wir sie langweilig.
Aber sie sind eigentlich doch ganz gut.
Sie haben Fühler,
die ganz lang werden können.
Was gibt es bei Dir Neues?

Viele Grüße
Deine
Laura

Tipp 5:
Beschrifte den Briefumschlag:
links oben: deine Adresse
rechts unten:
die Adresse deines Freundes.
Adresse: – Vorname und Nachname
– Straße und Hausnummer
– Postleitzahl und Ort

Tipp 6:
Briefmarke nicht vergessen!

✗

1. Überlege, wem du gern schreiben möchtest.
2. Schreibe deinen Brief.

Ein Brief an Benjamin oder Charles

Benjamin erzählt:

Charles heißt wie ein Opa, schaut aus wie ein Opa, zieht sich an wie ein Opa. Aber er ist kein Opa, er ist aus meiner Klasse und sitzt tagein tagaus vor mir. Ich kenne seine Ohren schon wie meine Westentasche, seine großen, abstehenden Ohren, seinen breiten, krummen Rücken und seinen beinahe kahl geschorenen Kopf.

Niemand in der Klasse spricht mit ihm. Außer, um sich etwas auszuborgen, einen Radiergummi, einen Stift, Papier, Süßigkeiten, eine Mathelösung, 2 Euro, die Uhrzeit oder sonst irgendetwas.

Vincent Cuvellier

aus: Vincent Cuvellier/Charles Dutertre: Besuche bei Charles, Jungbrunnen 2005

Charles ist nicht besonders beliebt in seiner Klasse. Als er nach einem Unfall lange nicht in die Schule kommen kann, muss Benjamin ihm die Schulhefte und Aufgaben vorbeibringen. Benjamin will zwar nicht, aber was bleibt ihm übrig?

1. Lies den Text.
2. Überlege:
   - Wird Benjamin zu Charles gehen?
   - Was würdest du Benjamin raten?
   - Was würdest du Charles gern sagen?
3. Schreibe einen Brief an Benjamin oder an Charles. Überlege:
   - Was möchtest du den Personen in der Geschichte sagen?
   - Wähle eine passende **Anrede**.
   - Denke an **Gruß** und **Unterschrift**.

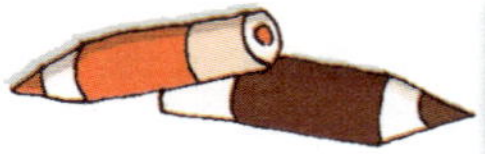

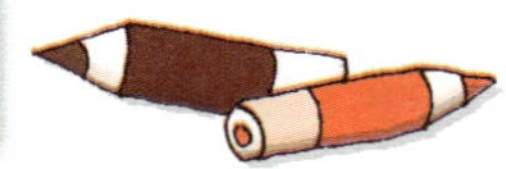

Foppball

Spielanleitung

Anzahl der Kinder:
8 bis 20 Kinder

Material:
Ein Ball

Spielregeln:
Alle Kinder stehen im Kreis.
Sie haben die Beine gegrätscht.

Ein Kind steht in der Mitte.
Es versucht, den Ball durch die Beine der anderen Kinder hindurch zu werfen.

Die Kinder dürfen den Ball nur mit den Händen stoppen.

Wer den Ball durchlässt, muss in die Mitte.

1. Lies die Spielanleitung.
2. Probiere das Spiel mit anderen Kindern aus.
3. Verändere die Spielregeln.
   Zum Beispiel:
   Es sind immer zwei Kinder in der Mitte. Oder:
   Alle Kinder im Kreis stehen mit dem Rücken zur Mitte.
4. Schreibe die Spielanleitung mit den neuen Regeln auf.

Mein Spiel

Du möchtest eine Spielanleitung schreiben.
Hier kannst du sie eintragen.

Name des Spiels: ______________________

Anzahl der Spieler: ______________________

Material: ______________________

____

Spielregeln: ______________________

____

____

____

____

____

1. Wähle ein Spiel aus, das du gut kennst. Zum Beispiel: Topfschlagen, Blinde Kuh oder Fangen.
2. Schreibe die Spielanleitung auf.
3. Suche dir andere Kinder. Spielt das Spiel nach deiner Anleitung.

- Du kannst dir auch selbst ein Spiel ausdenken. Schreibe die Anleitung dazu auf.
- Ihr könnt eure Spiele auf Karteikarten schreiben. Dann habt ihr bald eine Spielesammlung in der Klasse.

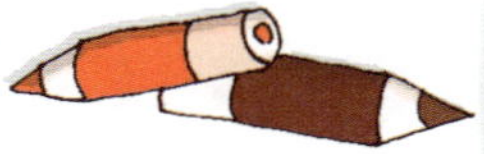

Es war einmal

1. Schau dir die vier Bilder an.
2. Wähle eine der Märchengestalten aus.
   Überlege:
   - Was ist kurz vorher geschehen?
   - Was wird gleich geschehen?
   - Hat deine Märchengestalt ein Problem?
   - Wie kann sie es lösen?
3. Suche dir ein anderes Kind.
   Erzähle ihm dein Märchen.
   Beginne mit „Es war einmal …“.
4. Schreibe dein Märchen auf.

Du kannst ein eigenes Buch
aus deinem Märchen machen.
Male Bilder zu deiner Geschichte.

Unsere Märchenhelden

Nelli hat sich einen Märchenhelden ausgedacht.
Sie schreibt einen Steckbrief.

Steckbrief

Name: Prinz Rabanus

Besondere Eigenschaften:
stark und stur

Problem:
Er wird in einen Hund verzaubert.

Begegnungen:
1. mit einem Zauberer
2. mit einer Katze
3. mit einer guten Fee

Das Ende:
Die Fee zaubert ihn zurück.

Nelli fängt ihr Märchen so an:

Der starke und sture Prinz Rabanus

Vor langer Zeit lebte einmal ein Prinz
mit Namen Rabanus.
Er war so stark, dass er einen Baum
aus der Erde ziehen konnte.
Wenn Rabanus etwas wollte,
dann konnte ihn niemand davon abhalten.
Eines Tages ...

1. Denke dir einen Märchenhelden oder eine Märchenheldin aus. Schreibe einen Steckbrief.
2. Schreibe ein Märchen über deinen Helden oder deine Heldin.
3. Lies dein Märchen einem anderen Kind vor.

Die lange Reise

Pferde mit Reitern am Fluß © Poligons Photo Index/Alamy

1. Schau dir das Foto genau an.
   Was fällt dir zu dem Foto ein?
2. Lege ein Gedankennetz zu dem Foto an.
   In die Mitte des Gedankennetzes schreibst du,
   was dir am wichtigsten ist.
   Zum Beispiel: Pferd oder Fluss.
3. Schreibe nun eine Geschichte zu dem Foto.
   Das kann eine Geschichte sein,
   die du selbst erlebt hast.

Du kannst ein Buch
mit eigenen Geschichten machen.

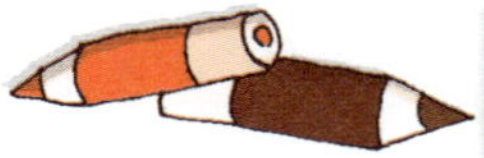

Der Mann und das Nashorn

Dali with the rhinoceros, 1956/1981 © Agentur Focus Hamburg/Magnum Photos/Philippe Halsmann

1. Schau dir das Foto genau an.
2. Erfinde zu dem Bild eine Geschichte.
   Lege ein Gedankennetz für deine Geschichte an.
   Sammle hierin deine Ideen.
   In die Mitte des Gedankennetzes schreibst du den Namen der Figur, um die es in deiner Geschichte geht.
3. Schreibe nun eine Geschichte zu dem Foto.

Du kannst ein Buch mit eigenen Geschichten machen.

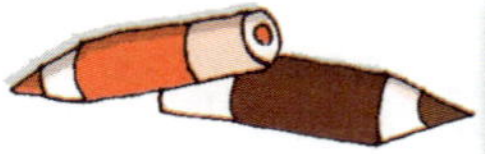

Bauchweh

Der Morgen ist warm. Die Weide ist voller Leben. Bienen, Libellen, kleine Käfer, Würmer … Ziege hüpft umher. Sie hat Lust auf den Tag. Auch Schaf ist wach. Aber es tut nicht so viel. Es steht nur da. Es läuft nicht. Es frisst nicht. Es schaut nur träge um sich. Mit kleinen Schritten tappt es zu Ziege. „Ziege“, sagt Schaf, „der Löwenzahn ist gerade so gut wie nie. Er blüht ganz wunderbar. Wir müssten ihn heute restlos auffressen.“ „Ist mir recht“, sagt Ziege. „Warte“, sagt Schaf. „Ich habe fürchterliche Bauchschmerzen. Ich kann nichts fressen, das ist das Problem.“ … „Dann friss halt morgen davon“, sagt Ziege. „Morgen ist er verblüht. Dann sind es Pusteblumen. Und die schmecken nach nichts.“ Schaf schaut betrübt auf eine knallgelbe Löwenzahnblüte zwischen seinen Vorderbeinen.

„Der ganze Löwenzahn ist umsonst gewachsen. Der ganze Löwenzahn, den ich nicht fressen kann. Ich finde es so schade, Ziege.“ Schaf lässt den Kopf hängen. …

Marleen Westera

1. Lies den Text.
2. Beantworte die Fragen.
   - Warum ist Schaf traurig?
   - Wie geht es Ziege?
   - Was sollte Schaf tun: Den Löwenzahn fressen oder lieber einen Tag warten?
   - Hast du selbst schon einmal so etwas erlebt, wie das Schaf: Du möchtest etwas unbedingt, aber es geht nicht?

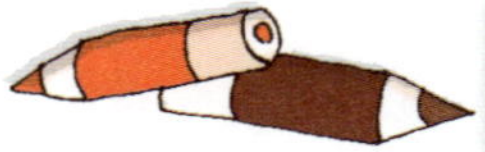

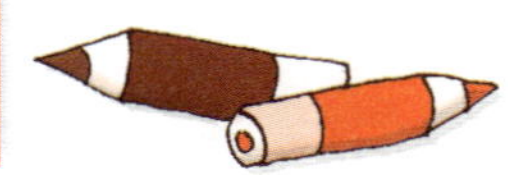

Ole will kein Niemand sein

Ole Olsen zu sein war nicht leicht.
Leichte Schuhe hin oder her.
Ole Olsen zu sein konnte ziemlich anstrengend sein.
Ole Olsen zu sein hieß nicht, eine Null zu sein.
Ole Olsen zu sein hieß, zwei Nullen zu sein.
Das waren zwei. Nullen.
Das war beinahe eine zu viel, eine überflüssige.
Null ist Null und nicht Zwei.
War Ole Olsen überflüssig?
War Ole Olsen einer zu viel auf der Welt?
Oder war er mitten dazwischen?
Er wusste es nicht genau.
Das musste man auch nicht wissen.

Øystein S. Ziener

aus: Øystein S. Ziener: Ole will kein Niemand sein, Arena 1999

✗

1. Suche dir ein anderes Kind.
   Lest den Text.
2. Sprecht mit einem anderen Kind über die Fragen:
   - Was heißt: jemand ist eine Null?
   - Was vermutest du:
     Warum denkt Ole, er sei eine Null?
   - Was würdest du zu Ole sagen?
3. Schreibt eure Ideen auf.

Fällt euch etwas an dem Namen **O**le **O**lsen auf?

Meine Geburtstagsparty

Ich habe eine Geburtstagsparty gefeiert.

Zuerst packte ich alle meine Geschenke aus.

Das Geschenk von Simon gefiel mir am besten.

Wir haben im Garten Verstecken gespielt.

Mein Versteck war so gut, dass mich niemand gefunden hat. Am Abend haben wir Würstchen gegrillt und Eis gegessen.

Marie

1. Mar e hat über ihre Geburtstagsparty geschrieben. Lies ihren Text.
2. Die Kinder in Maries Klasse wollen noch mehr wissen.

Was hat Simon dir geschenkt?

Er hat mir den 2. Band von **Die wilden Hühner** geschenkt.

Wo hast du dich versteckt?

Ich habe mich in der Hundehütte versteckt.

3. Schreibe den Text von Marie neu. Schreibe so, dass die Fragen der Kinder beantwortet werden.

Unser Ausflug

Ausflug zum Waldsee

? Wir machten einen Ausflug an den Waldsee. Wir wollten dort unsere Schiffe ausprobieren, die wir im Unterricht gebastelt hatten. Am
? Waldsee gab uns Herr Schulze unsere Schiffe und wir setzten sie sofort auf das Wasser. Plötzlich stießen die Schiffe von Paul und mir zusammen. Dabei ging Pauls Schiff leider unter. Aber wir holten es sofort aus dem Wasser und konnten es wieder reparieren.

KEVIN

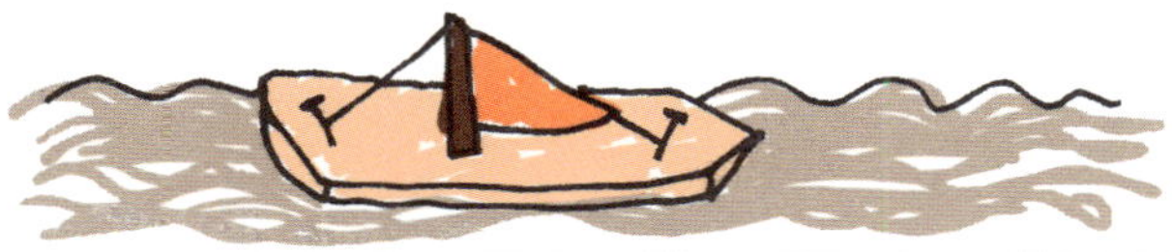

Schiffe auf dem Waldsee

Unsere Klasse machte einen Ausflug.
? Wir wollten die Schiffe auf dem Waldsee fahren lassen. Der Hausmeister Herr Schulze hatte unsere Schiffe mit seinem Auto zum See gebracht. Alle Kinder setzten
? ihre Schiffe auf das Wasser. Unsere Schiffe stießen zusammen und mein Schiff ging leider unter. Zum Glück konnten wir es wieder herausholen und reparieren.

Paul

1. Kevin und Paul haben über ihren Schulausflug geschrieben. Lies beide Texte.
2. Kevin und Paul haben wichtige Informationen weggelassen. Die Lehrerin hat dort Fragezeichen an den Rand geschrieben.
3. Wähle einen Text aus und schreibe ihn neu. Ergänze die fehlenden Informationen.

Unsere Klassenzeitung

Wir wollen eine Klassenzeitung machen. (herstellen) Alle überlegen, was sie machen können. Max will einen Krimi machen. Dazu kann Timo die Zeichnungen machen. Unsere Lehrerin schlägt vor, dass wir auch noch ein Interview machen könnten. Hannah und Simon überlegen sich, mit wem sie ein Interview machen wollen. Ich will einen Bericht darüber machen, wie wir unsere Zeitung geplant haben.

Sedat

Sedat, du hast viele gute Ideen gesammelt.
Dabei verwendest du oft das Verb (Tunwort) „machen".
Beschreibe genauer, was die Kinder vorhaben
und benutze für „machen" andere Verben (Tunwörter),
zum Beispiel: herstellen, tun, schreiben, durchführen, ...

1. Sedat schreibt in das Klassentagebuch über die Planung einer Klassenzeitung. Lies seinen Text.
2. Seine Lehrerin schreibt, wie er seinen Text noch verändern kann. Lies ihren Vorschlag.
3. Hilf Sedat bei der Überarbeitung. Unterstreiche in seinem Text das Verb (Tunwort) **machen**.
4. Überlege: Welche anderen Verben (Tunwörter) willst du verwenden? Schreibe sie darüber.
5. Schreibe den Text mit deinen Vorschlägen auf.

Mein Traumspielplatz

Mein Traumspielplatz muss auf jeden Fall
viele verschiedene
Schaukeln haben., weil ich so gern schaukle.

Eine Ritterburg mit Türmen und Brücken

wünsche ich mir auch. Schön wäre auch ein

Brunnen mit einer Wasserpumpe.

Tanja

Tanja, du hast gute Ideen aufgeschrieben.
An machen Stellen möchte ich noch genauer wissen,
wie die Spielgeräte aussehen oder was du genau mit ihnen
machen möchtest. Dort habe ich die Wörter unterstrichen.

1. Tanja hat über ihren Traumspielplatz geschrieben. Lies den Text.
2. Ihre Lehrerin schreibt, wie Tanja den Text noch verändern kann. Lies ihre Vorschläge.
3. Hilf Tanja bei der Überarbeitung. Schau dir die unterstrichenen Wörter an.

> Mit passenden Verben (Tunwörtern) und Adjektiven (Wiewörtern) kannst du den Spielplatz genauer beschreiben.

4. Schreibe deine Veränderungen in Tanjas Text.
5. Schreibe den Text mit deinen Veränderungen auf.

Lies einem anderen Kind beide Texte vor. Es soll sie miteinander vergleichen.

Überraschung in der Höhle

Mein Freund Simon nahm mich zu einer Höhlenwanderung mit. Wir nahmen starke Taschenlampen mit. ~~Wir~~ Zuerst setzten ~~zuerst~~ wir die Helme auf. Wir gingen dann in die Höhle hinein. Dort war es sehr dunkel. Wir schalteten sofort unsere Taschenlampen ein. Wir kamen nach einer Weile in eine riesige Halle. Wir sahen plötzlich einen dunklen Schatten und etwas flatterte dicht an uns vorbei. Ich ließ vor Schreck meine Lampe fallen. Simon lachte und sagte: „Keine Angst, das war nur eine Fledermaus.“

Markus

1. Markus hat über eine Höhlenwanderung geschrieben.
   Lies seinen Text.
2. Die Kinder in Markus Klasse finden die Geschichte sehr spannend.
   Sie machen einen Vorschlag,
   wie Markus seine Geschichte noch verändern kann.

Viele Sätze fangen mit **wir** an.
Stelle deine Sätze um.

3. Hilf Markus bei der Überarbeitung:
   Unterstreiche überall im Text das Wort **wir**.
   Welche Sätze willst du umstellen?
   Schreibe deine Vorschläge darüber.
4. Schreibe den Text
   mit deinen Vorschlägen auf.

Ich kann fliegen

Ich breitete vorsichtig meine Arme aus.
Langsam ich
~~Ich~~ segelte ~~langsam~~ höher und höher.
Fliegen ist wunderschön. Ich stieß plötzlich
an etwas Weiches. Das war ja
ein Heißluftballon! Ich rutschte am Ballon
nach unten. Ich landete im Korb.
Ich sah dort zu meiner Überraschung
einen Vogel und einen Schmetterling.
Ich fragte: „Warum fahrt ihr denn
mit einem Ballon? Ihr könnt doch fliegen."
Die beiden antworteten mir:
„Immer Fliegen ist doch langweilig."

ANNA

1. Lies den Text von Anna.
2. Die Kinder in Annas Klasse machen Vorschläge, wie Anna ihre Geschichte noch verändern kann:

Du fängst deine Sätze oft mit **ich** an. Stelle deine Sätze um.

Viele Sätze fangen gleich an. Verbinde zwei Sätze mit **und**.

3. Hilf Anna bei der Überarbeitung:
   Unterstreiche überall im Text das Wort **ich**.
   Welche Sätze willst du umstellen?
   Welche Sätze willst du mit **und** verbinden?
   Schreibe deine Vorschläge darüber.
4. Schreibe den Text mit deinen Vorschlägen auf.

Im Zirkus

Gestern waren wir
im Zirkus. Am besten gefiel
mir die Nummer mit den
Löwen. In der Pause konnte
man sich hinter dem Zelt
die Zirkustiere anschauen.
Jetzt sah ich
den großen Löwen
ganz aus der Nähe.
Er schüttelte seine gewaltige
Mähne und fletschte
die Zähne. Ich war froh,
dass zwischen uns dicke
Gitterstäbe waren.

TOBIAS

Das hat mir gut gefallen: !	Das ist mir aufgefallen: ?	Mein Tipp:
Tolle Wörter: gewaltige Mähne, fletschte die Zähne	Wer ist wir?	Meine Eltern und ich
	Was war bei der Löwennummer so gut?	Ein Löwe sprang durch einen brennenden Reifen.

1. Lies den Text von Tobias.
2. In einer Schreibkonferenz bekommt er Tipps. Lies die Tabelle.
3. Schreibe den Text von Tobias neu. Verwende dabei die Tipps aus der Tabelle.

Du kannst auch mit eigenen Vorschlägen den Text von Tobias verändern.

Das Glücksrad

Letzte Woche wurde bei mir in der Nähe ein neuer Supermarkt eröffnet. Beim Eröffnungsfest konnte man an einem Glücksrad drehen und etwas gewinnen. Vor dem Glücksrad war eine lange Schlange.
Ich stellte mich hinten an.
Ich musste ganz lange warten.
Ich wurde immer aufgeregter.
Dann war ich endlich dran.
Ich drehte das Glücksrad mit meiner ganzen Kraft. Plötzlich hörte ich lautes Geklingel.
Super, ich hatte gewonnen!
Ich bekam einen Gutschein über 15 Euro und konnte mir im Supermarkt sofort etwas dafür aussuchen.

Silke

1. Suche dir ein anderes Kind für eine Schreibkonferenz.
2. Lest den Text von Silke.
3. Sprecht über den Text und überlegt euch Tipps, wie Silke den Text verändern könnte.
4. Füllt die Tabelle aus.

Das hat mir gut gefallen: !	Das ist mir aufgefallen: ?	Mein Tipp: ↗

5. Schreibt den Text von Silke neu und verwendet dafür eure Vorschläge.

Klappbuch

Timo hat eine Geschichte
über einen Traumbaum geschrieben.

Er hat ein Klappbuch gebastelt und
seine Geschichte dort hineingeschrieben.

Das Deckblatt des Klappbuches hat er
passend zu seiner Geschichte gestaltet.

Du kannst dir auch ein Klappbuch
für eine von deinen Geschichten basteln.

1. Nimm ein Stück farbigen Karton und
   falte ihn in der Mitte.
2. Klappe den Karton
   wieder auf.
   Jetzt siehst du
   eine Mittellinie.

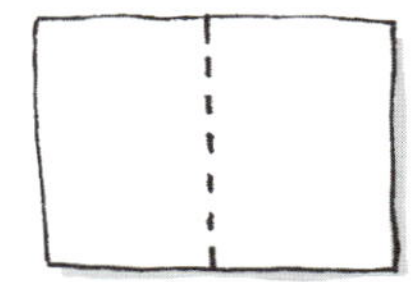

3. Falte beide Seiten
   des Kartons
   bis zur Mittellinie.

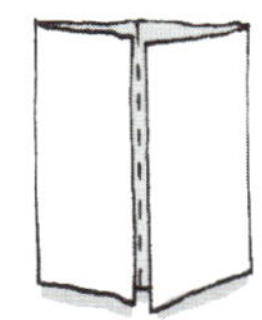

4. Schreibe deine Geschichte auf ein Blatt Papier
   und klebe sie in das Klappbuch hinein.
5. Gestalte das Deckblatt passend
   zu deiner Geschichte.

Auf den Karten 7, 8, 9, 10 findest du Ideen
für Klappbuch-Geschichten.

Leporello

Fatma hat sich ein eigenes Märchen ausgedacht.

Für ihr Märchen hat sie sich
ein Leporello gebastelt.

Fatma hat ihr Märchen in das Leporello hineingeschrieben
und Bilder dazu gemalt.

Du kannst dir auch ein Leporello für ein Märchen
oder eine andere Geschichte basteln.

1. Nimm ein großes Din-A3 Papier,
falte es der Länge nach und schneide das Papier
entlang der Faltlinie auseinander.

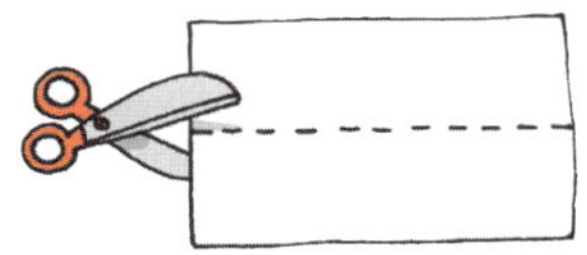

2. Falte beide Streifen wie eine Ziehharmonika
in vier Abschnitte.
Klebe beide Streifen mit Tesafilm zusammen.

3. Jetzt hast du ein Leporello mit acht Seiten.
Überlege zuerst, wie du den Text deiner Geschichte
auf die Seiten verteilen willst.
Du brauchst eine Seite für das Deckblatt.

4. Schreibe den Text auf die Seiten des Leporellos
und male passende Bilder dazu.

Inhalt

Dieses Werk folgt der reformierten Rechtschreibung und Zeichensetzung 2006.

Druck A[1] Jahr 2007
Alle Drucke der Serie A sind im Unterricht parallel verwendbar.

Redaktion: Ruth Mühlenhoff
Herstellung und Layout: Annette Henko
Satz und technische Umsetzung: PER Medien + Marketing GmbH, Braunschweig
Druck und Bindung: westermann druck GmbH, Braunschweig

ISBN 978-3-14-**120717**-0